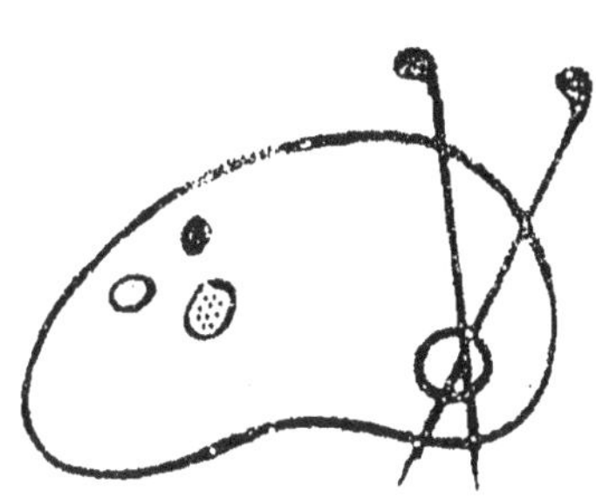

Début d'une série de documents
en couleur

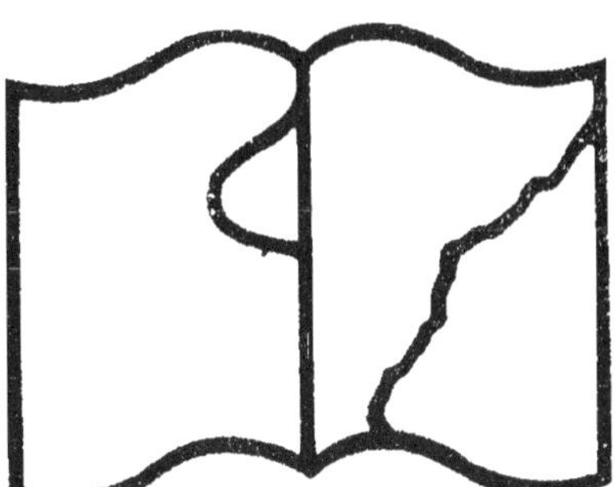

Texte détérioré — reliure défectueuse

NF Z 43-120-11

M.-A. GROMIER

OBSERVATIONS
d'un Ami de la Paix

sur les besoins immédiats, urgents, de la défense maritime des côtes de la France, de ses Colonies et de ses Protectorats.

à propos du Rapport de M. Charles BOS sur le Budget de la Marine

---

Articles publiés en Novembre-Décembre 1904, dans les Nᵒˢ 45, 46, 47
et 48 de la XXᵉ Année de la Revue hebdomadaire
" LE MOUVEMENT INDUSTRIEL "
17, Rue Baudin (IXᵉ) PARIS

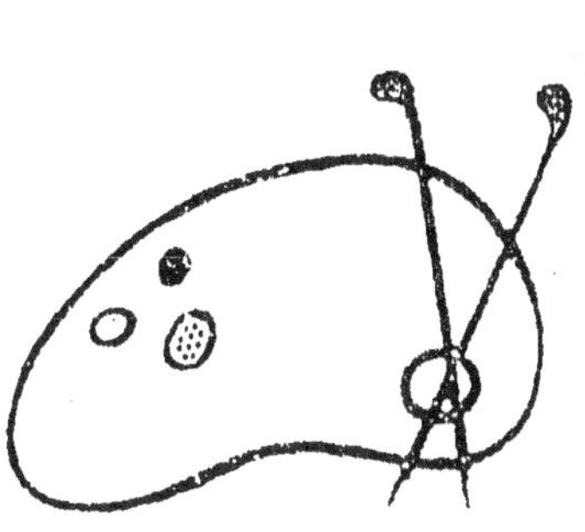

Fin d'une série de documents
en couleur

M.-A. GROMIER

OBSERVATIONS
d'un Ami de la Paix

sur les besoins immédiats, urgents, de la défense
maritime des côtes de la France,
de ses Colonies et de ses Protectorats.

A propos du Rapport de M. Charles BOS sur le Budget de la Marine

Articles publiés en Novembre-Décembre 1904, dans les N°s 45, 46, 47
et 48 de la XX° Année de la Revue hebdomadaire
" LE MOUVEMENT INDUSTRIEL "
17, Rue Baudin (IX°) PARIS

Les Dessous de la Question

DES

CHAUDIÈRES A GROS TUBES

I

Prébendiers moyens-âgeux, constructeurs de grosses unités navales désormais peu utilisables ; ministre de la marine et rapporteur du budget de la marine décidés partisans de l'exécution entière du programme de feu l'amiral Aube, pour la défense navale de la France et de ses possessions.

Le *Petit Parisien* vient d'éclairer un sous-sol ténébreux : en publiant le résumé des lumineuses déclarations de M. Fontin, il a montré le vrai dessous de la question des chaudières.

Certes, il était devenu nécessaire que l'on s'occupât moins, en France, dans le monde des prébendiers (vieux-jeu) de nos constructions navales, des chaudières à gros ou à petits tubes des grosses unités de notre flotte... M. Fontin fut donc bien inspiré, à la dernière séance de la *Commission extraparlementaire de la Marine,* en se préoccupant surtout de notre extrême besoin de la multiplication immédiate de nos moyens de *Navigation sous-marine.* C'est à présent la question palpitante d'intérêt. Mais, dans tous les cas, malicieusement ou non, cette bonne idée de M. Fontin a mis à découvert tout le pot aux roses de ces prébendiers. C'est, en effet, une fois de plus, depuis 1886, toute la question de la navigation sous-marine que l'on voulait noyer dans les chaudières dont M.

Bertin et ses associés ont l'air de se servir uniquement pour incriminer M. Pelletan et pour décourager M. Charles-Bos.

#**#

De 1886 à ce jour, les bénéficiaires des iniques majorats constitués chez nous par une déplorable routine administrative et une faiblesse ministérielle scandaleuse, n'ont pu trouver encore le temps d'améliorer, de moderniser l'outillage des ateliers français de nos constructions navales, notamment l'outillage des *Forges et Chantiers de la Méditerranée*, nobles restes mais tristes antiquailles d'une glorieuse lignée de beaux travaux aujourd'hui démodés par les progrès de la science.

Vivant de leur ancienne réputation et survivant obstinément à leurs impairs actuels, ces bénéficiaires s'arrogent le droit de continuer à se faire attribuer le monopole des constructions de la Marine, — bien que hors d'état de supporter la concurrence. Ils exigent impérieusement qu'on respecte leurs majorats surannés, nuisibles, prévaricateurs. Et, si l'on confie à de simples industriels modernes, nouveau-jeu, prime-sautiers, l'exécution des marchés qu'ils ne sont plus en état d'exécuter, ils jettent aussitôt feux et flammes contre ce qu'ils appellent la *témérité d'un ministre présomptueux*.

Au fond, ils ne cherchent, vraiment, qu'à mettre hors du n° 2 de la rue Royale quiconque s'est déclaré ou se déclare admirateur du programme de feu l'amiral Aube, quiconque a pris en mains ou veut prendre en mains la direction effective de cet excellent programme de défense navale pratique.

M. Fontin, par bonheur, a mis le holà! Grâce à sa franchise, la dernière séance de la Commission d'enquête devint fort édifiante. Il développa les idées générales qui guidèrent l'amiral Aube, en 1886, dans ses projets de réforme. Il montra comment il voulait créer une politique navale française et faire remplacer les cuirassés coûteux, lourds, peu serviables, par des croiseurs, des torpilleurs, des sous-marins. Il rendit pleine et bonne justice à tous les techniciens prévoyants qui s'efforcèrent de préconiser les bateaux sous-marins, dont feu le pauvre et courageux infortuné Goubet inventa les premiers modèles, — aujourd'hui perfectionnés. Et, naturellement, on s'expliqua la conduite des systématiques détracteurs de ces bateaux sous-marins dont M. Pelletan fait approvisionner la flotte française.

On se l'expliqua d'autant mieux que les épreuves du *Rapport de M. Charles-Bos sur le Budget de la Marine* décuplent l'émoi, le *mécontentement des prébendiers constructeurs des grosses unités de jadis.* M. Charles-Bos, en effet, ne cache point qu'il *voudrait* voir vendre les vieilles grosses unités inutiles, envoyer dans la Méditerranée toutes les autres grosses unités, dont la place ne peut être bonne ailleurs qu'entre Bizerte et Toulon, envoyer dans l'Océan les croiseurs-cuirassés et autres, enfin consacrer les contre-torpilleurs, les submersibles, les sous-marins et les mines sous-marines à la défense de nos côtes et à la défense des côtes de nos Colonies et de nos Protectorats.

*_**

Par suite, la question des chaudières n'eut plus de secrets. Elle devint une simple affaire de concurrence mercantile, entre les gros bénéficiaires des grosses constructions d'autrefois et les industriels nouveaux dont l'initiative paraît si détestable à M. Bertin et au *Figaro*, — peut-être parce que c'est une initiative privée de formes officielles et de certaines coutumes administratives ou autres.

Ainsi, voilà le méli-mélo de la guerre ourdie contre le ministre de la marine ramenée à ses mesquines proportions d'un intérêt doublement matériel : *intérêts d'armateurs* qui ne veulent pas que M. Pelletan songe à l'amélioration du sort des inscrits maritimes, *intérêts de Constructeurs démodés* qui ne veulent pas que MM. Pelletan et Charles-Bos fassent abandonner le système des gros cuirassés trop coûteux à l'Etat et trop peu utilisables loin d'une base continentale d'opération.

En mettant en pratique le programme de l'amiral Aube, M. Pelletan répare une erreur de ses devanciers; en réclamant une plus prompte et une plus large exécution de ce programme, en la demandant au bon sens et au patriotisme du Parlement et de la Nation, M. Charles-Bos n'oublie pas que la

France est en retard et que les devanciers de M. Pelletan laissèrent, en 1902, à ce ministre, une terrible difficulté à surmonter : *celle de l'achèvement du programme naval de 1900.* Si ce programme de 1900 avait été mieux conçu, M. Pelletan aurait pu, dès 1902, commencer à procurer plus aisément à notre flotte « *le triple avantage du nombre, de la vitesse et de l'invisibilité* ».

Malgré tout, cependant, M. Pelletan n'a voulu qu'à très bon escient consentir à augmenter le nombre des grosses unités et il a toujours exigé l'amélioration, la modernisation de leur construction. Puis, il s'est efforcé de rendre, peu à peu, ces grosses unités moins nombreuses, de meilleure qualité, d'une appropriation plus grande aux besoins de notre époque. Pour cela, il lui a fallu choisir des constructeurs nouveaux ; c'est ce qu'on ne lui pardonne pas, du côté des vieux constructeurs !

Il a fait pire, M. Pelletan ! Il a osé, le 12 février 1903, faire insérer à l'*Officiel* une *circulaire déclarant que les chaudières à gros tubes convenaient seules aux grands bâtiments et que les chaudières à petits tubes devaient être réservées aux torpilleurs* !

Bien que d'accord avec l'avis officiel des gens techniques et avec les décisions de toutes les marines étrangères, M. Pelletan n'a donné force de loi à cette Circulaire qu'après en avoir reçu la prière du Corps qui connaît le mieux les chaudières en question, puisque, chargé de mettre ces chaudières en action, il vit en contact perpétuel avec elles, expérimentant à chaque minute leurs qualités et leurs défauts. Nous voulons parler du Corps des Mécaniciens de la Marine.

Consulter des mécaniciens à propos d'un mécanisme !... Tout le clan des exploiteurs des fournitures navales en devint enragé.....

Qu'imaginèrent ces prébendiers pour se venger d'une audace pareille ? Ils vociférèrent que le ministre avait payé *plus cher qu'avant* 1903 des *chaudières à gros tubes* qui, aux essais, donnaient *moins de résultats* que les mêmes chaudières sorties des mêmes maisons et essayées en 1902.

Ce sont deux mensonges basés sur des subtilités hypo-

— 7 —

crites. Nous prions nos lecteurs d'aller jusqu'au bout des *dé-
mentis détaillés* qui vont suivre.

*_**

Avant la circulaire de 1903, les essais duraient trois heures ;
depuis la circulaire, ces essais ont une durée de dix heures.

Avant la circulaire de 1903, l'allure de combustion était
élevée à 170 kilos de charbon par mètre carré de surface de
grille et par heure ; depuis la circulaire, cette combustion
est abaissée à 110 kilos.

*On le voit, les moyen-âgeux ne tiennent aucun compte de
l'augmentation de la durée des essais et de la diminution de
l'allure des essais.* Il n'y a donc pas seulement subtilité,
mensonge, il y a mauvaise foi, duperie manifeste.

Or, impossible aux prébendiers de vilipender, la circulaire
de 1903. L'un de leurs chefs, M. l'amiral de Cuverville, en
parle ainsi : « Sous ce rapport, je rends hommage à M. le
« ministre de la marine qui réalise, en ce moment, *une ré-
« forme que j'ai moi-même souvent préconisée,* à savoir : de
« raccourcir la période des essais tout en les rendant *plus
« pratiques et aussi plus sévères,* — c'est-à-dire en les faisant
« dans des conditions telles que les bâtiments sortis de ces
« essais donneront la certitude qu'ils réaliseront en service
« courant la vitesse pour laquelle ils ont été construits, *en
« même temps que les consommations réduites de combusti-
« bles sur lesquelles on doit compter.* » (*Officiel,* page 589).

Mais ce n'est pas tout. Puisqu'on veut diminuer le *mérite
des chaudières à gros tubes,* voici un autre renseignement
officiel :

**Résultats obtenus lors de la Comparaison Officielle ordonnée
par M. de Lanessan, en 1902.**

Kilos de charbon brûlés par mètre carré de surface de grille et par heure	Kilogrammes d'eau vaporisée par mètre carré de surface de chauffe et par heure	
	Petits tubes	Gros tubes
Essai à 75 kilos	14ᵏ709ᵍʳ	21ᵏ008ᵍʳ
Essai à 110 —	21,993	30,209
Essai à 170 —	81,088	44,671
Essai à 225 —	89,886	58,151

L'infériorité des petits tubes est surabondamment visible.
Il est clair que la supériorité de vaporisation des chaudières
à gros tubes implique la supériorité de leur puissance en che-
vaux, la supériorité de leur force motrice. Donc, ces chaudières à gros tubes ne sauraient être trop payées. Mais, là encore, les bénéficiaires des anciennes grosses constructions navales ont menti !

Les prix des marchés dont M. Bertin et ses associés par-
lent, n'ont pas été plus élevés que les marchés précédents. *Au
contraire, ils ont été moins élevés.*

Il s'agit des marchés des chaudières à gros tubes, des cuirassés *Patrie, République, Justice* (fournis par Niclause) ;
Liberté, Vérité, Démocratie (fournis par Belleville). *Or, ces
prix sont inférieurs aux prix moyens des chaudières de l'es-
pèce, depuis 15 ans, en général*, et, en particulier, inférieurs
aux prix des marchés passés, en 1901 et 1902, sous le ministère de M. de Lanessan.

*De plus, ces prix sont très inférieurs aux prix que les pré-
bendiers ont toujours fait payer à la Marine pour les chaudières à petits tubes,* tant que la Marine a eu le tort d'en vouloir pour ses gros bâtiments.

Et c'est de la sorte que M. Bertin et ses associés ont écrit
toute l'histoire *des Comptes fantastiques de Monsieur Pelletan ! ! !* Vraiment, on croirait lire les *Contes fantastiques de
l'histoire du Gaz de la Ville de Paris!!!*

Messieurs Bertin et ses associés nous veulent faire avaler
les mêmes couleuvres que leurs imitateurs et confrères, Messieurs les prébendiers à majorats des usines et des bureaux
de la rue Condorcet.....

**

Concluons :

On ne peut aller au fond de cette question des chaudières à
gros tubes sans rencontrer, partout, en un rôle dominateur,
les intérêts exclusifs et malsains des anciens bénéficiaires de
la grosse construction navale, — intérêts trop fréquemment
suggestionnés et soutenus, à Paris même, par *certains* chefs
des bureaux du Ministère de la Marine.

D'après le *Gil Blas,* du reste, tôt ou tard, chaque directeur de la section technique du Ministère de la Marine, quitte ce ministère pour aller diriger les Forges et Chantiers de la Méditerranée ? ? ? C'est suffisamment expliquer ce qui se passe, présentement, 2, rue Royale, à Paris.

De ces bureaucrates étonnants, de ces prébendiers *moyen-âge*, de ces anciens constructeurs irréductibles, de ces gros vaisseaux-fantômes, il n'en faut plus ! Ni routine, ni accaparement, ni monopole ! Du progrès et une honnête répartition des marchés à passer aux plus dignes ! Les industriels dont l'outillage s'améliore et se transforme, à mesure que les inventeurs apparaissent et que leurs inventions sont perfectionnées, *ces industriels-là doivent être choisis de préférence...*

Et, parce qu'il y a eu, depuis 1902, des découvertes, des inventions et des perfectionnements immenses, il faut, *immédiatement*, une immense révolution dans l'art de la défense navale et dans ses moyens matériels.

Laissons presque de côté les gros cuirassés avec leurs chaudières à gros tubes. Ayons beaucoup de contre-torpilleurs, beaucoup de croiseurs, de torpilleurs, de submersibles, de bateaux sous-marins et beaucoup aussi d'engins sous-marins (mobiles ou fixes) de toutes les espèces possibles, utilisables pour la défense navale de la France, de ses colonies et de ses protectorats.

Dès 1886, l'amiral Aube, l'amiral Vallon et le pauvre malheureux Goubet demandaient cette révolution !

M.-A. GROMIER.

Révélations et Réflexions Nécessaires

II

Les plans de M. Bertin, — L'outillage de nos arsenaux. — Les Articles pour BAZARS et les Articles SUR MESURE

Nous avons sous les yeux l'œuvre remarquable de M. le député Charles Bos : son *Rapport sur le Budget de la Marine Française* et ses opinions personnelles, « NETTEMENT DÉGAGÉES DE TOUT SOUCI AUTRE QUE CELUI DE L'INTÉRÊT DU PAYS ».

Nous allons lui emprunter des RÉVÉLATIONS que nous ferons suivre de quelques réflexions nécessaires.

Le programme de 1900 fut arrêté sous M. de Lanessan : il comprit, pour la flotte des grosses unités, 28 cuirassés et 24 croiseurs-cuirassés. M. Charles Bos a recherché si ces bâtiments ont été conçus *par l'auteur des plans de ces navires de* façon à donner tous les résultats voulus. Or, l'auteur de ces plans fut M. Louis-Emile Bertin, nommé, le 22 juillet 1896, chef de la Section Technique de nos Constructions navales et directeur du Génie Maritime. Et voici, d'après M. Charles Bos, les résultats des conceptions *géniales* et des constructions *géniales* de M. Louis-Emile Bertin :

1° — *Le cuirassé Henri IV* est un bâtiment manqué. Son arrière est constamment sous l'eau. Son insubmersibilité est plus que doûteuse. La disposition de son artillerie est des plus mauvaises. 40 millions perdus !

2° — *Le cuirassé Patrie* est beaucoup trop faible, ainsi que tous les échantillons de son type. La carène n'a pas la solidité requise : les couples sont trop espacés. Il faut s'attendre à ce que l'on soit obligé de renforcer la coque des bâtiments de ce type dont chaque unité coûte déjà plus de 40 millions.

3° — *Le croiseur-cuirassé Jeanne d'Arc*, mis en chantier en 1895, n'a pu commencer ses essais qu'en juin 1901, — après avoir dû rentrer à l'arsenal pour y subir de grosses modifications. Ses essais occasionnèrent la brûlure d'une dizaine de chaudières, ce qui entraîna la réparation et la modification de tout son appareil évaporatoire, dix mois de retard nouveaux et plus d'un million de dépenses à ajouter aux 40 et quelques millions de son coût. En janvier 1903, reprise des essais, mais la vitesse ne dépasse pas 21 nœuds 6 au lieu des 23 prévus ! Puis, la diminution des quilles à roulis et la réduction des supports d'hélices, ainsi que la trop grande longueur de la coque offrent de très graves dangers supplémentaires, au point de vue du tir de l'artillerie et de la solidité de diverses parties des machines. Bref, ce croiseur-cuirassé est de nouveau désarmé. 45 millions gaspillés!

4° *Croiseurs type Guesdon.* — Sur onze, il y en a onze de trop grande faiblesse ! Tous ont dû être renforcés. D'où encore de nouvelles dépenses, malgré lesquelles des incidents répétés, des avaries sérieuses et toutes sortes d'inconvénients se produisent.

5° *Croiseurs type Desaix.* — Mal conçus. Pas de valeur militaire. Très coûteux. Armement dérisoire. Il y en a trois ; on a dû les modifier tous, mais les modifications ne passent pas pour être très heureuses ; naturellement, de nouvelles dépenses encore !

6° *Croiseurs non cuirassés.* — Le *Jurien de la Gravière* ne peut guère dépasser treize nœuds de vitesse ? Il est impossible de faire tourner les appareils au nombre de tours voulu sous peine de démolir complètement les machines; ces machines, du reste, s'emballent au moindre clapotis faisant émerger les deux hélices extrêmes qui ne sont plus immergées par suite du faible tirant d'eau relatif, étant donné la troisième hélice. La conception d'ensemble est défectueuse.

Quant à l'*Edgar-Quinet*, pour le lancer, le mettre à flot, l'achever, IL EST NÉCESSAIRE D'AMÉLIORER LE PORT DE BREST; c'est seulement au port de Lorient que ces opérations seraient possibles : *Brest n'est pas aménagé pour la marine nouvelle* ! M. Louis-Emile Bertin l'a oublié ! ! ! L'*Edgar-Quinet* déplaçant 14.300 tonneaux et ayant 161 mètres de longueur sur 21 m. 40 de largeur, le lit de la *Penfeld* a besoin d'être élargi à tous ses tournants. Ces travaux entraîneront une dépense énorme et des retards considérables.

Si l'on totalisait, que de millions mal dépensés !

Au résumé, dit *M. Charles Bos*, dans l'avenir, il faudra demander à tous les ingénieurs de fournir des avant-projets de plans *et ne plus permettre à la direction technique de se transformer ainsi en une sorte de direction autonome*. C'est la condamnation complète et légitime de M. L.-E. Bertin. C'est aussi la condamnation de l'outillage de nos ports et de nos arsenaux.

Ecoutons un peu M. Charles Bos développer ce dernier sujet :

****

« Rien ne surprend davantage, quand on s'avise de regarder d'un peu près le fonctionnement des divers services de *nos ports*, que l'*insuffisance manifeste, éclatante de leur outillage.*

« Qu'on montre à un industriel les machines-outils qui peuplent les ateliers de la marine. A côté de quelques outils modernes, il verra des *rossignols* qu'il aurait mis depuis longtemps au rancart. Il pourra même trouver des *tours, des raboteuses, etc., datant de* 1856 *à* 1860. Pour qui a vu, même en passant, les superbes machines-outils de la dernière Exposition universelle, la comparaison est choquante.

« Un ingénieur allemand nous disait à cette époque :
« L'outil doit être poussé à son rendement extrême ; au bout
« de 5 ans au plus, il est fini, démodé, il a rendu tout ce qu'il
« pouvait rendre, je le mets à la ferraille. » Quand la ma-

rine arrivera-t-elle à cette conception ? Il est juste de reconnaître que les ingénieurs ne cessent de faire entendre sur ce point les plus vives réclamations, mais le *Parlement* — il est bien permis à un de ses membres d'en faire l'aveu et d'en exprimer le regret — *a toujours rogné sur les dépenses d'outillage.* Il semble que pour lui le seul crédit qu'il faut. forcer, c'est celui du chapitre « Constructions neuves ». Il importe cependant de voir combien l'outillage est lié à la production : il faut se rendre compte qu'*un outillage démodé, marchant lentement, n'arrive qu'avec un nombre double d'ouvriers à faire le travail que ferait l'outillage neuf poussé au maximum de rendement.*

« Le service des transports à l'intérieur des arsenaux laisse beaucoup à désirer : *il n'y a pas un de nos arsenaux* (qui tous ont des réseaux complets de voies ferrées et dont quelquesuns sont fort étendus) *qui possède de petites locomotives à vapeur ou électriques pour faire des charrois.*

« *On voit encore, dans nos arsenaux, douze ou quinze hommes traînant un lourd chariot de forme antique sur un pavé inégal datant de Colbert !*

« L'outillage d'un arsenal comprend encore tout le matériel flottant destiné à conduire aux navires en rade les munitions, le charbon, les vivres, l'eau douce. *Au moment de Fa-l'escadre du Nord avait mis à Cherbourg une semaine enchoda, on s'aperçut que, faute de remorqueurs et de chalands, tière pour se ravitailler!* Il en était de même partout. M. Lockroy, alors ministre, fit acheter un certain nombre de remorqueurs et chalands, et si la situation est actuellement meilleure, elle. est encore loin d'être satisfaisante.

« *Le ravitaillement de notre armée navale, en* 1900, *à Toulon,* sous les ordres de l'amiral Gervais, n'a-t-il pas démontré *l'insuffisance de nos moyens de chargement et d'envoi de charbon de l'arsenal à l'escadre, grosse dévoratrice de combustible ?..... »*

**

En somme, M. Charles Bos veut qu'on modernise la direction du Génie Maritime, qu'on modernise la direction géniale de nos Constructions navales et qu'on modernise l'outillage de nos ports et de nos arsenaux. Et il trouve que le Parlement a tort de vouloir, toujours et avant tout, *de la marine à bon marché.*

Oui, certes, *il a raison de redouter la cherté de ce bon marché,* qui plaît à nos parlementaires. Il a raison de conseiller de *rechercher plutôt la cherté économique...*

Il faut amer à bien payer ce qui convient et ce qui dure utilement. C'est pour cela que M. Pelletan ne doit pas s'effrayer, quand on lui reproche le prix élevé des chaudières à gros tubes, — *prix d'ailleurs inférieur aux prix payés par ceux qui ont précédé M. Pelletan.* Il faut qu'il imite plus que jamais la prudence des Anglais, à propos des marchés de leur marine; cette prudence a pour base un axiome fort sage : *le bon marché coûte trop cher.*

M. Charles Bos a raison d'affirmer qu'il faut réduire au minimum toutes les dépenses improductives; il a raison aussi de vouloir qu'on ne néglige rien pour se procurer toujours l'outillage le plus perfectionné, les meilleures fournitures, etc. Comme direction, il veut un cénacle d'ingénieurs modernes fournissant des *plans à choisir,* au lieu d'une seule volonté vieillie, surannée, entichée de particularisme et de personnalité.

Nous avons la conviction que pour les rares grosses unités encore parfois indispensables, comme pour les flottilles très mobiles, il faut payer cher pour avoir des pièces d'une excellente précision et d'une bonne durée de service.

Pour les bateaux sous-marins, surtout, n'est-ce pas une absolue nécessité d'avoir une fabrication parfaite, *n'importe à quel prix?* Voyez donc le funèbre résultat si les accumulateurs des sous-marins ne donnaient qu'une force insuffisante et s'il fallait les recharger trop souvent! Elle deviendrait terrible la situation des habitants du sous-marin ou du submersible... Et, pour ce qui est des engins en bronze à très haute résistance, si ce bronze n'a pas toute la résistance voulue, *parce qu'il aura été trop peu payé, voyez aussi les beaux quolibets* des parlementaires de tout à l'heure, raillant la parcimonie, l'économie, l'inintelligence du ministre plus ou moins responsable de ce que le Parlement aura exigé de lui, de ce qu'il lui aura imposé...

A parler net, il ne faut plus d'*articles pour bazars*, fabriqués à la diable, vendus à vil prix, sortis d'*usines à la grosse*, bonnes à tout faire, très mal.

Pour des pièces d'une précision sérieuse, pour des constructions navales bien conditionnées, il faut s'adresser aux sérieuses et honnêtes *Sociétés familiales françaises* dans lesquelles il n'y a, pour directeurs d'ateliers, que des artistes-spécialistes toujours à l'affût des découvertes quotidiennes, aptes à perfectionner leur outillage et leur fabrication. Ces sociétés ne manquent pas plus, à présent, qu'aux temps des vieilles maisons de marque, créatrices de la gloire de l'industrie française; mais, si quelque ministre les emploie, gare aux criailleries des prébendiers gouvernementaux...

Que M. Pelletan dédaigne ces criailleries; le Parlement ne peut les vouloir sanctionner.

Le rapport de M. Charles Bos remet toutes les choses à leur point exact : avant tout, désormais, on tiendra à payer *le nécessaire* pour avoir l'outil national dont la France a besoin; c'est-à-dire qu'on voudra désormais, *une flotte nationale commandée et faite sur mesure* et non pas à l'aveugle et imprudente fantaisie de M. Bertin.

Or, avec un *article fait sur mesure*, le prix n'est jamais trop cher; on en a toujours pour son argent.

M.-A. GROMIER.

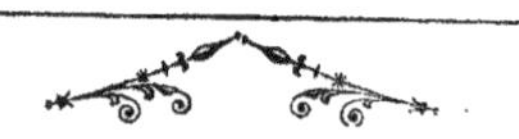

Nécessité de l'immédiate augmentation

DE LA

DÉFENSE SOUS-MARINE FRANÇAISE

<div style="text-align:center">~~~~~~~~~~~~~~~~~~~~~</div>

III

EXTRAIT DU RAPPORT

de M. Charles BOS sur le Budget de la Marine

Le gouvernement britannique vient de modifier *instantané-ment* la distribution et la composition de ses escadres, — afin de tenir compte de la transformation des guerres maritimes. Il a pu agir ainsi, *du jour au lendemain,* parce qu'il a su prévoir et qu'il a pu agir préventivement.

Ce nous est une grosse et grave raison pour publier les extraits suivants du remarquable rapport de M. Charles Bos.

M.-A. GROMIER.

La *France vivant sous le régime républicain et ce régime étant essentiellement pacifique,* il apparaît que la flotte doit, de même que l'armée, être en état *d'abord d'assurer la défense nationale* et ensuite de pouvoir prendre l'offensive.

D'où il suit que *la défense des côtes et les défenses mobiles et sous-marines* doivent être constituées assez fortement pour que la flotte de combat ait le temps de mobiliser et de s'approvisionner au complet avant de prendre le large.

Donc, *tout d'abord*, organisation complète de la *défense des côtes* et des stations de *défenses mobiles et sous-marines*....

La navigation sous-marine date, en France, de 1886, — 18 ans déjà. — En Angleterre, on a commencé la construction de sous-marins en 1900. *Mais nous avons hésité et nous hésitons encore.* L'Angleterre, elle, n'hésite plus....

Si *tout récemment* le ministre n'avait pas commandé 2 grands submersibles et 10 sous-marins, notre avance eût été vite rattrapée. *Il est vrai que l'Angleterre, suivant son habitude, va répondre par une commande peut-être plus forte de sous-marins.*

... Nos centres de station devraient être plus nombreux et composés à la fois de submersibles, de sous-marins, de contre-torpilleurs.

Notre défense mobile bien comprise exigerait donc : 75 *submersibles*, 75 *sous-marins*, 25 *contre-torpilleurs et 76 torpilleurs.*

Soit au total 140 millions que nous devrions encore consacrer à nos défenses mobiles et sous-marines.

Mais celles-ci seraient fortement organisées. Il serait impossible à une escadre allemande, par exemple, de traverser le Pas-de-Calais. Quant aux escadres anglaises, elles n'oseraient pas s'approcher de nos rivages.

Il y a lieu, en effet, de faire remarquer que même si l'Angleterre avait une forte flotille de sous-marins, elle ne pourrait en aucune façon s'opposer à la sortie des nôtres. Un sous-marin ne redoute pas un sous-marin ou un submersible. Ils ne se voient pas. Ils ne peuvent pas se voir. Rien ne semble donc pouvoir empêcher un bateau de ce genre d'aller s'immerger au point où doivent forcément passer des navires ennemis (qu'ils entrent par exemple à Portsmouth ou qu'ils en sortent) et de les torpiller à son aise. L'important est que le sous-marin puisse revenir à son port d'attache. Or, à cette heure, le problème est résolu, qui consiste à munir un sous-marin d'une force motrice suffisante pour rentrer à sa station.

Ajoutons qu'une fois cette flotille constituée ainsi que nous l'avons dit (*et elle pourrait l'être bien avant* 1912) (1) il y aurait lieu — d'après une foule d'officiers qui ne font que reprendre sur ce point les idées de l'amiral Aube — *d'envoyer tous nos cuirassés actuels dans la Méditerranée et tous nos croiseurs cuirassés et cuirassés croiseurs dans l'Océan*, avec Brest pour port d'attache.

Pourquoi encore ?

D'abord, le cuirassé est fait pour les eaux continentales et se

___

(1) Espérons que, le parlement aidant, cette flotille indispensable pourra être ainsi constituée bien avant 1912, *comme le demande opportunément M. Charles Bos.* C'est une question sur laquelle nous reviendrons.

Mr-A. Gromier.

trouve à sa place dans la Méditerranée. Il ne peut aller loin, son rayon d'action étant limité. C'est une sorte de batterie flottante portant une très grosse artillerie, mais n'ayant que peu de vitesse. Dans la Méditerranée, il ne trouve pour ainsi dire jamais le grand large et il y a *deux bases d'opération extrêmement fortes : Toulon et Bizerte*. Enfin, il importe de faire remarquer qu'en 1910 un certain nombre de nos cuirassés auront déjà beaucoup vieilli et verront leur vitesse singulièrement réduite.

Mais *cette flotte cuirassée devrait être éclairée par de petits croiseurs* de 3.500 à 4.000 tonnes protégés et de 24 nœuds de vitesse au moins.

Quant au croiseur cuirassé et au cuirassé croiseur, il ne peut manœuvrer à son aise que dans l'Océan, et la *rade de Brest*, immense et profonde, fournirait des ancrages excellents à une flotte double au moins de celle que nous voudrions voir à la France. Comme nous l'avons dit, *les petites unités de 12.000 tonnes seraient surtout réservées pour une guerre dans les mers d'Europe;* les autres, le cas échéant, seraient affectées aux eaux lointaines dans la proportion qui paraîtrait convenable.

Un dernier mot : encore une fois, les idées que nous venons d'exposer ne sont que le résumé d'une foule d'entretiens que nous avons eus avec les officiers de marine et des ingénieurs. Nous les avons indiquées, en nous gardant de toute prétention à une technicité que nous n'avons pas, parce qu'il nous a paru que notre devoir était de le faire.

Charles BOS.

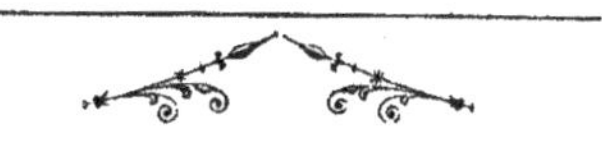

Le rôle défensif de la Flotte française

IV

Presque plus de cuirassés. — Des torpilleurs, des sous-marins et des submersibles. Vendons les « loups » de M. Bertin.

Tout ce qui brille n'est pas or.

On se félicite d'une prochaine nouvelle Conférence de la Haye. On s'applaudit de voir déjà les ententes cordiales s'ajouter aux ententes cordiales. On se croit à la veille d'un apaisement international.

Ce n'est pas dans une revue industrielle qu'il convient d'expliquer pourquoi l'apaisement international n'est pas encore possible et ne le sera pas avant longtemps. Mais, à coup sûr, c'est bien dans une revue industrielle qu'il convient d'expliquer pourquoi, plus que jamais, il faut se préoccuper, en France, de la refonte générale *immédiate* de notre programme naval de 1900 et de l'*immédiate* augmentation de nos défenses sous-marines côtières.

***

Le rôle d'une flotte n'est pas le même dans les différents pays.

L'Angleterre a l'obligation d'importer ses objets de pre-

mière nécessité; or, l'importation ne peut se faire que par mer:
donc, absolue nécessité, nécessité vitale pour l'Angleterre de
conserver la maîtrise sur les Océans. Très prudente, bien ren-
seignée, toujours presciente, hier, l'Angleterre a jugé convenable d'opérer *instantanément* des modifications extraordi-
naires dans la distribution et dans la composition de ses
escadres. Cela veut dire que l'Angleterre *prévoit* toute autre
chose qu'un apaisement international et **veut** *prévenir* toutes
complications maritimes.

La France a le devoir d'imiter l'Angleterre, immédiatement.

Mais, la France est une puissance continentale : elle souf-
frirait peu, relativement, si la route des mers lui était fermée,
car elle peut presque se suffire à elle-même. D'ailleurs, elle
aurait toujours la ressource de se ravitailler par la voie de
terre.

Le jour où l'Angleterre serait définitivement battue sur
mer, elle serait à la merci de ses nombreux ennemis et un
débarquement aurait raison de l'Empire-Royaume-Uni. La
France, au contraire, ne serait qu'à demi affaiblie par une
défaite navale; mais elle perdrait ses Colonies et ses Protectorats.

Dans ces deux pays si voisins, la flotte a donc des rôles
distincts. Que les Anglais songent à faire jouer à leur flotte
son rôle opportun, tout le prouve; les Anglais, évidemment
sont prêts. Mais, la France.... ?

*
* *

Certes, aujourd'hui, la France n'a que des aspirations paci-
fiques; elle ne rêve plus de conquêtes à main armée; elle veut
seulement être prête à se défendre contre toute agression;
c'est dans ce but unique qu'elle dépense plus d'un milliard
par an. Elle n'a une armée et une flotte que pour sa sécurité.
Chez elle, le rôle *exclusif* de la flotte est de repousser les
attaques dirigées, par mer, soit contre le territoire national,
soit contre les colonies françaises, soit contre les pays d'Outre-
mer dont elle a assumé la protection.

L'hypothèse d'un débarquement sur les côtes de la France

est inadmissible. La seule éventualité à redouter, c'est le bombardement. Contre nos villes fortes, un bombardement n'est pas à craindre : nos batteries côtières auraient une trop grande supériorité sur celles des assiégeants, supériorité due à leur position élevée et à leur fixité. Nos ports de commerce, au contraire, auraient beaucoup à souffrir; nos colonies et nos protectorats seraient tout à fait en danger. C'est donc bien ici que doit intervenir notre flotte; on voit donc bien quel doit être son rôle.

Il ne s'agit plus pour la flotte de la république française d'aller, en pleine mer, livrer un combat d'escadre pour conquérir la maîtrise sur l'Océan, à l'imitation de la flotte impériale-royale-anglaise. Il ne s'agit pas davantage pour elle d'aller, au loin, bombarder un port fortifié et débarquer des troupes d'envahissement. Son objectif est plus modeste; son rayon d'action moins étendu : réduire à l'impuissance les cuirassés ennemis postés dans le voisinage de nos côtes territoriales; de plus, s'opposer à des tentatives d'envahissement de nos colonies et de nos protectorats.

Dans tous ces cas, ce serait folie d'opposer cuirassés contre cuirassés. Nous sommes vaincus d'avance dans cette lutte à coup de millions. Quand l'ineffable M. Bertin nous fait perdre quarante millions dans la construction d'*un* cuirassé dont on ne peut se servir parce que les plans de M. Bertin ne valent rien, l'Angleterre met en chantier *trois* cuirassés qui, tous, sont utilisables. Dès lors, pourquoi n'avoir pas déjà renoncé à ces inutiles constructions ruineuses ? L'expérience démontre journellement la nécessité de remplacer les trois quarts de nos cuirassés...! Et, des raisons de force majeure exigent que ces cuirassés soient remplacés par autre chose.

Puisqu'il s'agit exclusivement de défendre des villes côtières il ne saurait être question pour notre marine de continuer à aspirer à jouer un autre rôle.

Un amiral des plus justement autorisés répète avec à propos que les *loups de mer* enfantés par M. Bertin équivalent pour la France à une suprême défaite navale. De ces *loups*, nous en avons *dix à douze, d'un coût total dépassant cinq cent millions de francs, bons à être vendus au marché à la ferraille...* Vendons-les et, sans retard, donnons à la France et à ses colonies *une ceinture de torpilleurs et de sous-marins.* Ne gardons absolument que les quelques gros cuirassés utilisables dans la Méditerranée, entre Bizerte et Toulon, leurs ports d'attache et de ravitaillement.

Un cuirassé coûte de 40 à 45 millions : à ce prix-là, on peut avoir une centaine de torpilleurs, ou bien une quarantaine de submersibles ou de sous-marins. Si les millions gaspillés par M. Bertin, depuis 1896, avaient été plus judicieusement employés, la France, aujourd'hui, serait invulnérable sur mer.

**
* **

Le torpilleur est obligé de recourir à la ruse pour attaquer le *cuirassé*, son adversaire. Par lui-même, il ne peut se défendre. Il doit dissimuler aussi longtemps que possible, puis foncer à toute vitesse sur l'ennemi ; dès qu'il est aperçu, il est perdu. Encore arrive-t-il, très fréquemment, que dans sa précipitation, il manque son but.

Les bateaux sous-marins ont une immense supériorité sur le torpilleur et même sur le contre-torpilleur qui, lui, pourtant, peut se défendre.

Le sous-marin est invisible. Il peut donc s'approcher en toute sécurité du navire à couler. Il peut choisir la place où il frappera. Il peut attendre le moment propice, frapper à coup sûr et se retirer à temps. En outre, il peut toujours sortir, par le calme et par la tempête ; il n'a qu'à plonger de quelques mètres pour trouver bonne mer, quelque houleuse que soit la surface. Et son invisibilité lui permet de détruire son adversaire en pleine sécurité.

Pas une escadre n'oserait s'aventurer dans les parages de la France, de la Corse, de l'Algérie, de la Tunisie, de Madagascar, de l'Indo-Chine, si nous avions sur ces côtes une flotille, intelligemment répartie, de 150 à 200 *bateaux sous-marins ou submersibles.*

Présentement, hélas! nous n'avons que 28 bateaux sous-marins; en 1905, nous devons en avoir 15 autres; cela ne fera que 43. *Il faudrait, dès 1906, au moins cent cinquante sous-marins ou submersibles.*

Dans son rapport sur le budget de la marine, M. Charles-Bos réclame, *immédiatement, 75 sous-marins et 75 submersibles....*

Le submersible est une variété du sous-marin : il permet de prendre l'offensive. Possédant un rayon beaucoup plus étendu, construit de manière à pouvoir naviguer aussi bien à la surface qu'en plongée, il peut aller observer les mouvements d'une escadre ennemie, se poster sur son passage, pénétrer même dans une rade, et, pourtant, ne pas être vu, parce qu'il peut faire une plongée, dès qu'il a crainte d'être deviné, aperçu. L'escadre se croit en sûreté; soudain, un navire saute, frappé par un invisible meurtrier... En dehors du résultat matériel, quel effet sur le moral des équipages! Penser qu'on est guetté, mais qu'on ne peut voir d'où viendra le coup mortel! Sentir que l'attaque est possible à chaque instant! Savoir que jamais, nulle part, on ne peut compter sur la minute suivante! Quelles angoisses! Et, quels hommes seraient assez fortement trempés pour supporter ces angoisses sans une émotion déjà fatale!...

Jules Verne a rêvé théoriquement et a romantisé tous ces engins merveilleux; Goubet, *l'infortuné Goubet,* dès 1886, ébaucha leur invention pratique; puis, en 1891, à Cherbourg, il expérimenta son invention améliorée, *perfectionnable,* oui, *mais déjà d'un succès concluant.* Nous sommes en 1904, et, grâce aux *impedimenta* fournis par le programme de 1900, nous n'avons encore que 28 bateaux sous-marins! *Et, comme l'argent manque,* peut-être n'aurons-nous même pas, en 1905, les 15 autres dont il est question plus haut. Cependant, il en faudrait, immédiatement, 150; répétons-le, après M. Charles-Bos!

En 5 ans, de 1900 à fin 1904, l'Angleterre a mis en chantier et s'est procuré 28 sous-marins; *autant que nous, depuis* 1891!!! que sera-ce, demain? Dès 1905?

Pourquoi sommes-nous ainsi devancés ? Parce que M. Bertin a dissipé nos millions et parce que, paraît-il, *M. Bertin trouve que*, POUR LES SOUS-MARINS ET LES SUBMERSIBLES, IL FAUT ATTENDRE QUE L'ON PUISSE FAIRE MIEUX....

Nous avons, dès maintenant, des types ayant, cependant, fait leurs preuves ; ils sont perfectibles, évidemment, mais, tels qu'ils sont, ils ont déjà rendu des services. Donc, *pourquoi ne pas augmenter leur nombre*, en attendant que l'on puisse faire mieux ?

Il faut absolument que cette indécision *voulue* cesse. Il n'y a plus de temps à perdre à ergoter, à chicaner, à équivoquer. Plus d'arguties, de vétilles, de subtilités *tendancieuses!* Parfois, le mieux est l'hypocrite ennemi du bien. A vouloir trop bien faire, on finit par ne rien faire du tout.

Construisons, sans plus tarder, la flotille sous-marine néces saire,.... et, vendons les « loups » de M. Bertin.

M.-A. GROMIER.

ASSOCIATION INTERNATIONALE ÉCONOMIQUE

DES AMIS DE LA PAIX SOCIALE

Fondée par GROMIER en 1865

1, Rue du Marché-Ordener - PARIS (18e)

425e Circulaire (40e Année)
1er Janvier 1905

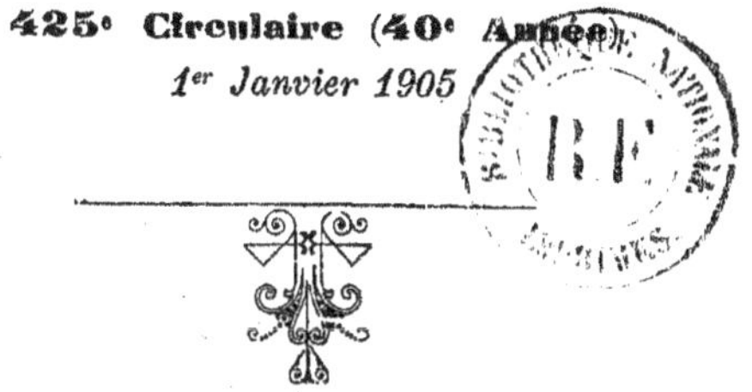

162

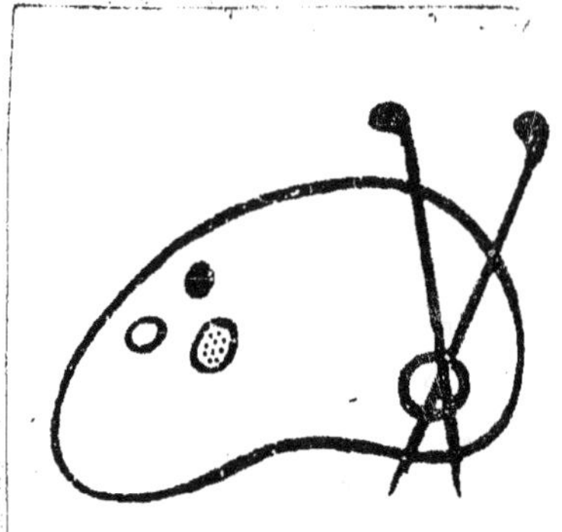

Original en couleur

NF Z 43-120-0